AF338883

PROJET

ADRESSÉ AU ROI,

POUR

LA SUBSISTANCE DU PEUPLE,

TENDANT

A PROCURER A LA CLASSE INDIGENTE DE PARIS , UN
PAIN PLUS SALUBRE ET A MEILLEUR MARCHÉ;

Par l'un des plus anciens Manutentionnaires des Vivres
de l'Armée.

PARIS,

DE L'IMPRIMERIE D'ÉVERAT, RUE DU CADRAN, N°. 16.

1817.

AU ROI.

SIRE,

LE Soussigné a eu l'honneur de présenter à VOTRE MAJESTÉ, le 23 juin dernier, un mémoire dans lequel il propose au Gouvernement d'établir une manutention royale, qui consisteroit en 40 fours de grande dimension, sur un même terrein, destinés à la fabrication d'un pain de pâte ferme, pour la classe ouvrière et indigente, pour les hôpitaux et les prisons.

On développoit dans ce mémoire les inconvéniens trop connus de la fabrication confiée aux boulangers de Paris, d'où résultoit un pain de mauvaise qualité, plus compact, sans goût et insalubre.

On offroit, dans la nouvelle manutention royale, de faire un emploi plus utile des mêmes farines du Gouvernement; 1°. En faisant une nouvelle extraction de son, à raison de cinq livres par quintal métrique, ce qui donneroit au pain une qualité supérieure; 2°. En soignant mieux la fabrication, tant pour la cuisson, que par l'usage d'une eau plus appropriée et portée au dégré de chaleur nécessaire. Le procédé de cette manipulation seroit tel, que le pain *continueroit toujours d'avoir le poids prescrit par les réglemens*, et qu'il n'influeroit également point sur la quantité que la farine fournit ordinairement.

Il étoit enfin démontré qu'une manutention en grand, bien dirigée, donneroit au Gouvernement des produits assez considérables, pour couvrir, en moins de dix mois, toutes les dépenses; celles de la construction des 40 fours et des magasins nécessaires pour la conservation des farines; les frais intérieurs de l'établissement, et ceux qu'entraîneroient les détails du service pour la distribution du pain dans les divers quartiers de Paris.

Dans un second mémoire, aussi présenté à VOTRE MAJESTÉ, le 2 juillet, le mode d'exécution du plan proposé a été encore simplifié; le soumissionnaire s'est engagé à supporter, sans répétition, toutes les dépenses de construction, et s'est chargé de tous les frais quelconques, même de ceux de transports, pourvu qu'il obtînt la faculté de manutentionner pendant vingt années; qu'il lui fût alloué seulement 4 fr. 50 c. par sac, pour les frais, au lieu de 7 fr. 50 c., et même dix francs aujourd'hui accordés aux boulangers de Paris; et qu'il fût mis à sa disposition la quantité de 600 sacs par jour.

L'Établissement étant exploité pour le compte du Gouvernement, les recettes se feroient, dans tous les temps, sur les prix qu'il détermineroit d'après les circonstances; et le montant en seroit versé régulièrement tous les jours dans la caisse du trésor.

Les deux mémoires ont été renvoyés au Ministère de l'Intérieur. Il a été répondu au premier, seulement le 4 septembre. Cette réponse porte : que, comme il avoit déjà été remédié, au moins en grande partie, à quelques vices qui s'étoient introduits dans la fabrication du pain, à Paris, avec les matières fournies par la réserve, et que le moment approchoit où les boulangers de Paris pourroient se passer du concours des mesures administratives; comme d'un autre côté le plan tendoit à priver de leur profession un nombre considérable d'artisans véritablement utiles à la société, et à changer les combinaisons commerciales qui ont toujours été regardées comme la garantie la plus essentielle de l'approvisionnement de la Capitale; enfin, comme il entraîneroit nécessairement de fortes dépenses, et que son exécution auroit exigé une longueur de temps et des embarras qui auroient conduit plus loin que l'époque où les choses doivent reprendre leurs cours naturel ; toutes ces considérations ont déterminé à n'y donner aucune suite.

Le Soumissionnaire, par sa lettre du 9 septembre, en réponse à celle du Ministre de l'Intérieur du 4 du même mois, dont copies sont ci-annexées, s'est empressé de faire voir que les motifs qui paroissoient empêcher l'admission de son plan, ne balançoient en aucune manière les immenses avantages que le Gouvernement retireroit de l'Établissement projeté ; il a articulé le fait, que les vices qu'il avoit signalés dans la fabrication, étoient toujours les mêmes, et continueroient d'avoir lieu tant qu'il n'existeroit pas une manutention en concurrence qui rendît le Gouvernement indépendant des calculs cupides d'une classe d'hommes dont on venoit d'avoir tant à se plaindre dans la disette dernière.

S'il est vrai que, par l'effet de la mesure proposée, les Boulangers de Paris se trouvoient privés du quart environ de la consommation; il est aussi très-constant que ce léger préjudice, pour 5oo individus, ne peut être mis en parallèle avec les résultats bienfaisants que procureroit la nouvelle manutention à 15o mille malheureux.

On sait très-bien, au reste, que la véritable garantie de l'approvisionnement de Paris consiste dans des greniers d'abondance, et dans l'emploi de sages dispositions pour parvenir à une manutention plus perfectionnée, plus économique, et voilà le but que l'on a l'intention d'atteindre aujourd'hui.

Le Ministre n'a point encore pris de décision sur ces nouvelles observations; d'un autre côté, il n'a pas été répondu au second mémoire, et les choses en sont restées là jusqu'à ce jour.

Le Soumissionnaire, informé par la voix publique combien l'établissement d'une manutention royale serviroit à rassurer le peuple, pour toujours, sur ses subsistances, croit qu'il est de son devoir de faire, à cet égard, une nouvelle supplique à Votre Majesté.

Il est reconnu que le pain de pâte ferme, qu'on appelle de ménage, est plus sain, se conserve plus long-temps, nourrit mieux et est de meilleur goût. C'est un pain de cette qualité que le soussigné s'engage à fournir à la classe indigente, dans tous les temps.

Généralement, la fabrication par les Boulangers de Paris, est vicieuse et produit un mauvais pain, 1°. parce qu'il manque de cuisson ; parce que l'on n'emploie que de l'eau froide dans la manipulation, procédé qui donne plus de poids au pain, mais qui en fait une nourriture mal saine ; parce qu'ils introduisent dans la farine des substances étrangères, telle que la pomme de terre, etc., etc.

Le Gouvernement alloue aux Boulangers une indemnité de 7 fr. 50 cent. (aujourd'hui 10 francs) par sac : le Soumissionnaire ne demande de 4 fr. 50 c., et se charge de tous les frais sans exception, même de ceux de transports. Ainsi, quel que soit le prix du pain, la différence de la dépense, pour la manutention, n'en sera pas moins toujours de trois francs et même cinq francs cinquante centimes par sac, au profit de l'État ; ce qui est un objet très-considérable, vu l'immensité de la fourniture.

Que l'on joigne à cela les autres économies qui résulteroient de l'Établissement, l'on concevra facilement qu'il est très-possible de procurer à la classe indigente un pain bon et bien fabriqué, à un prix inférieur à celui qui seroit payé par la classe aisée. Cette bonification seroit au moins de dix centimes, et elle est d'un haut intérêt pour l'ouvrier et sa famille.

L'on a déjà dit plus haut que le Soumissionnaire se

chargeoit de toutes les dépenses de construction ; ainsi, non-seulement il n'en coûteroit rien au Gouvernement pour établir cette manutention royale, mais il seroit encore affranchi des charges extraordinaires, consistantes 1°. dans la diminution de trois francs et cinq francs cinquante centimes sur les 7 fr. 50 cent. et 10 fr. payés par sac aux Boulangers ; 2°. dans les frais et remises de ports de sacs, emmagasinage, transport et accessoires, qui sont un objet journalier d'un franc cinquante centimes par sac.

Cet Établissement même ne pourroit causer aucun tort aux Boulangers de Paris, qui auroient toujours la faculté de fabriquer le pain comme ils le jugeroient convenable, pour la classe aisée, et dont le commerce ne pourroit désormais recevoir aucune atteinte dans sa liberté.

La seule difficulté réelle, relatée dans la lettre du Ministre, sous la dénomination de combinaisons commerciales, provient de ce que les Boulangers tiennent compte au Gouvernement, annuellement, d'une prime divisée en trois classes :

La première paye. . . . . 150 fr.

La seconde 100

Et la troisième 50

Ce qui présente un avantage pour le Gouvernement d'environ 50,000 francs par an.

Comme les Boulangers continueroient à être chargés

au moins des trois quarts de la consommation, il en résulte que, dans la même proportion, le Gouvernement ne recevroit en moins que 12,500 francs.

On peut le dire ici, SIRE, une si foible différence peut-elle être mise en comparaison avec toutes les économies que présente la nature de cet établissement, et dont le peuple et le Gouvernement jouiroient?

C'est aux indigens seuls que le Soumissionnaire veut appliquer les bienfaits du Gouvernement; son objet, la fin qu'il se propose, est le soulagement de la classe non aisée. Des greniers d'abondance d'un côté, un établissement fixe et permanent de l'autre, pour utiliser les réserves, et distribuer au peuple, avec plus d'économie, un pain meilleur et moins cher; quelle source de bénédictions, et quelle heureuse époque dans le règne de VOTRE MAJESTÉ!!!

Je suis avec un profond respect,

SIRE,

DE VOTRE MAJESTÉ,

Le très-humble, très-obéissant serviteur et fidèle Sujet.

G. LEMOR.

Paris, le 2 novembre 1817.
*Rue Saint-Roch, n°. 16, près celle
du Gros Chenet.*

Ex-Agent des Subsistances
militaires aux Armées.

Copie de la Réponse du Ministre de l'Intérieur à M^e. LEMOR,

Sur le 1er. projet que celui-ci a présenté à Sa Majesté, le 23 Juin dernier.

Paris, le 4 Septembre 1817.

MONSIEUR, vous demandez par votre lettre du 25 du mois dernier, si un projet que vous avez présenté au Roi, pour utiliser la réserve d'approvisionnement de Paris, et manutentionner le pain des ouvriers et des indigens de Paris, a été renvoyé au Ministère de l'Intérieur, et s'il a été jugé susceptible d'être adopté.

Ce projet a été en effet transmis, le 19 juillet, au département de l'Intérieur, par Monseigneur le Ministre de la guerre. Les vues qui y sont renfermées, en ce qu'elles avoient pour objet de remédier à quelques vices qui s'étoient introduits dans la fabrication du pain à Paris, avec les matières fournies aux boulangers par la réserve, m'ont paru mériter de fixer l'attention de l'Administration supérieure.

Mais comme il y avoit déjà été remédié, au moins en grande partie, et que le moment approchoit où tous les boulangers de Paris pourroient se passer du concours des mesures administratives ; comme d'un autre côté votre plan tendroit à priver de leur profession un nombre considérable d'artisans véritablement utiles à la société, et à changer des combinaisons commerciales qui ont toujours été regardées comme la garantie la plus essentielle de l'approvisionnement de la Capitale ; enfin, comme il entraîneroit nécessairement de fortes dépenses et que son exécution auroit exigé une longueur de temps et des embarras qui auroient conduit plus loin que l'époque où les choses doivent reprendre leur cours naturel ; toutes ces considérations ont déterminé à n'y donner aucune suite.

Agréez, Monsieur, l'assurance de ma considération,

Le Sous - Secrétaire d'État au département de l'Intérieur;

BECQUEY.

Du 9 Septembre 1817.

A SON EXCELLENCE

LE MINISTRE DE L'INTÉRIEUR.

MONSEIGNEUR,

J'ai reçu la lettre en réponse, dont VOTRE EXCELLENCE m'a honoré le 4 courant, relativement à un projet d'établissement que j'ai présenté au ROI, pour utiliser la réserve d'approvisionnement de Paris, et mieux manutentionner le pain des ouvriers et des indigens de la Capitale.

Cette lettre énonce les motifs et considérations qui ont déterminé VOTRE EXCELLENCE à ne donner aucune suite à l'examen de ma proposition.

S'il s'agissoit d'une simple demande, qui n'offrît qu'un intérêt particulier, je me contenterois d'avoir émis le vœu d'un bon citoyen, et je n'insisterois plus ;

Mais il est constant que le projet dont je demande l'adoption est lié à des vues réelles d'utilité publique. C'est un grand acte de la munificence royale qu'il est question de consacrer par un établissement solide et permanent. C'est, en un mot, un monument de bien-faisance qui doit faire époque dans la restauration. Je crois donc qu'il est de mon devoir de transmettre de nouvelles observations à VOTRE EXCELLENCE, et de détruire les foibles difficultés que l'on m'oppose.

Il est de fait que les vices que j'ai remarqué s'être introduits dans la fabrication du pain à Paris, m'ont donné la première idée de l'établissement proposé. Fort de vingt-cinq ans d'expérience aux armées dans cette partie, j'ai réfléchi sur les moyens les plus efficaces de remédier au mal actuel, et c'est après avoir bien médité et approfondi la matière, que j'ai conçu le plan que j'ai soumis au Gouvernement.

J'ai adressé deux projets au ROI : le premier concernoit principalement la création d'un établissement royal, pour parvenir à une manutention meilleure et plus éco-nomique ; c'est celui auquel il est répondu aujourd'hui. Le second contenoit des vues plus développées et des offres plus avantageuses pour les moyens d'exécution ; il doit être en ce moment dans les bureaux de VOTRE EXCELLENCE. Ce projet supplémentaire répond d'avance à une partie des objections que l'on va parcourir.

L'on déclare qu'il a déjà été remédié, au moins en grande partie, aux vices existans dans la fabrication, et que le moment approche où tous les boulangers de Paris pourront se passer du concours des mesures administratives.

Je réponds à cette objection que les vices que l'on a

signalés sont toujours les mêmes, et continueront d'avoir lieu tant qu'il ne sera point formé un établissement en concurrence, qui rende le Gouvernement indépendant des calculs cupides d'une classe d'hommes à qui il est très-indifférent de compromettre la sécurité publique, sous le rapport des subsistances, ainsi que l'on vient récemment d'en acquérir la preuve.

Il est alloué constamment aux boulangers de Paris une indemnité de 7 fr. 50 c. par sac. Par le nouveau projet, elle se trouve réduite à 4 fr. 50 c., et le soumissionnaire se charge encore de tous les frais de transports, qui, par leur nature, sont un objet très-considérable.

Malgré l'abondance présumée de la récolte de cette année, le pain de consommation à Paris continue d'être à la charge du Gouvernement, puisqu'il est notoire que les prix sont encore plus élevés dans presque tous les autres départemens.

En tout état de cause, il est sans doute dans l'intention du Gouvernement de tirer parti des denrées qu'il conserve dans ses magasins ; ainsi, quel que soit le prix du pain, cher ou à bon marché, la différence de la dépense pour la manutention n'en est pas moins toujours de 3 francs par sac au profit de l'État.

Que l'on joigne à cela les autres économies qui résulteroient de l'établissement ; il sera facile de concevoir qu'il est possible de procurer à la classe indigente un pain salubre et bien fabriqué, à un prix

inférieur à celui qui seroit payé par la classe aisée.
Cette bonification seroit au moins de 10 centimes,
et elle est d'un haut intérêt pour l'ouvrier et sa famille.

Le plan, dit-on, tend à priver de leur profession
un nombre d'artisans utiles à la société, et à changer
des combinaisons commerciales qui ont toujours été
regardées comme la garantie la plus essentielle de
l'approvisionnement de la Capitale.

S'il est vrai que, par l'effet de la mesure proposée,
les boulangers de Paris se trouveroient privés du quart
environ de la consommation ; il est aussi très-vrai que
ce léger préjudice qu'éprouveroient cinq cents individus, ne peut être mis en parallèle avec les avantages
réels que retireroient de la nouvelle manutention
150 mille malheureux.

Dix ans au plus suffisent aujourd'hui pour faire la
fortune d'un boulanger à Paris. Seroit-ce un incon-
vénient majeur, que ses spéculations fussent un peu
retardées, et que sa fortune ne se consolidât, dans
l'exercice de sa profession, que dans l'espace de 14 à
15 années ?

On sait très-bien, au reste, que la véritable garantie
de l'approvisionnement de Paris ne consiste que dans
des greniers d'abondance, et l'emploi de sages mesures
pour parvenir à une bonne manutention, et voilà le
but que l'on a l'intention d'atteindre aujourd'hui. C'est
d'un pareil état de choses que naîtra efficacement la
sécurité publique pour les subsistances ; c'est à une

pareille sollicitude que l'on devra même le moyen d'améliorer la qualité du pain pour la classe aisée.

On oppose encore les fortes dépenses qu'entraîneroit un tel établissement. Cette considération devient absolument nulle, puisque, dans le second projet présenté, le soumissionnaire se charge généralement de toutes les dépenses de construction, sous la seule condition qu'il lui seroit accordé le droit de manutentionner les farines du Gouvernement pendant vingt ans, à raison de 600 sacs par jour.

On ne peut non plus objecter avec avantage que l'exécution exigeroit une longueur de temps et des embarras qui conduiroient plus loin que l'époque où les choses doivent reprendre leur cours naturel.

L'auteur du projet prend l'engagement formel, et il se fera cautionner, s'il en est besoin, d'organiser l'Établissement et de le mettre en état d'activité dans le délai de quarante jours.

Il observe, au surplus, que la différence du prix qu'il établit, pour les frais de manutention, est indépendant de toute époque, et qu'elle continueroit d'avoir lieu, quelque fut d'ailleurs le prix des grains et des farines.

Enfin, pour donner à cet Établissement le caractère de stabilité qui lui convient ; le soumissionnaire a demandé qu'il fût nommé un commissire du Roi, et un inspecteur pour la surveillance des travaux et la garantie du Gouvernement.

Il en appelle au zèle si connu de Votre Excellence,

pour tout ce qui intéresse le bien public. A côté des greniers d'abondance, dont la nécessité est constatée, n'est-il point indispensable aussi, que, par un Établissement fixe, le Gouvernement tienne dans ses mains les canaux par où parviendront à l'indigent les résultats bienfaisans de ses prévoyantes dispositions? J'ose le dire, la création d'un pareil Établissement ne sera pas l'un des actes les moins honorables de l'administration de Votre Excellence.

Je suis avec le plus profond respect,

Monseigneur,

De votre excellence,

Le très-humble et très-obéissant serviteur,

LEMO